# Amazing Weekly Workouts for Year 3!

This CGP book is bursting with speedy 10-Minute Workouts that are great for warm-ups, recaps, homework and more.

Each Workout is focused on building pupils' Arithmetic skills with more challenging questions introduced throughout the book. By the end of Year 3, there'll be no stopping them!

We've even included cut-out-and-keep answers, plus a useful progress chart to keep track of their marks.

# How to Use this Book

- This book contains 36 workouts. We've split them into 3 sections — one for each term, with 12 workouts each. There's roughly one workout for every week of the school year.

- Each workout is out of 16 marks and should take about 10 minutes.

- Each workout starts with some Quick Fire questions, which are a perfect warm-up before the main questions.

- The first 3 workouts only contain Year 2 Arithmetic content — they're ideal for reminding pupils what they learnt in the previous year. These workouts should be done at the start of Year 3.

- The final 3 workouts cover all of the Year 3 Arithmetic content — they're a great way to recap the year, and ensure that pupils have got to grips with the Year 3 topics.

- New topics are gradually introduced, and then re-tested throughout the later workouts. The workouts increase in difficulty as you progress.

- The contents pages show you where each Arithmetic topic is first introduced.

- The tick boxes on the contents pages can help you to keep a record of which workouts have been attempted.

- A Puzzles page, cut-out Answers and a Progress Chart can be found at the back of the book.

---

Published by CGP
ISBN: 978 1 78908 468 9

Editors: Adam Bartlett, Sean McParland,
Caley Simpson, Ben Train

With thanks to Amanda MacNaughton and
Glenn Rogers for the proofreading.

With thanks to Lottie Edwards
for the copyright research.

Clipart from Corel®

Contains public sector information licensed under the Open Government Licence v3.0 http://www.nationalarchives.gov.uk/doc/open-government-licence/version/3/

Printed by Zenith Print & Packaging Ltd, Pontypridd.

Based on the classic CGP style created by Richard Parsons.

Text, design, layout and original illustrations
© Coordination Group Publications Ltd. (CGP) 2020
All rights reserved.

Photocopying this book is not permitted, even if you have a CLA licence.
Extra copies are available from CGP with next day delivery • 0800 1712 712 • www.cgpbooks.co.uk

# Contents — Autumn Term

☑ **Workout 1** .................................................................................................. 2
  • Recap of Year 2 material.

☑ **Workout 2** .................................................................................................. 4
  • Recap of Year 2 material.

☑ **Workout 3** .................................................................................................. 6
  • Recap of Year 2 material.

☑ **Workout 4** .................................................................................................. 8
  • Count from 0 in multiples of 100.

☑ **Workout 5** ................................................................................................ 10
  • Add two 2-digit numbers using column addition, without any carries.

☑ **Workout 6** ................................................................................................ 12
  • Add a 3-digit number and ones mentally.
  • Recall and use multiplication and division facts for the 3 times table.

☑ **Workout 7** ................................................................................................ 14
  • Subtract two 2-digit numbers using column subtraction, without any carries.

☑ **Workout 8** ................................................................................................ 16
  • Find 10 or 100 more or less than a given number.

☑ **Workout 9** ................................................................................................ 18
  • Add two 2-digit numbers using column addition, with carries.

☑ **Workout 10** .............................................................................................. 20
  • Find unit fractions and non-unit fractions, with small denominators.

☑ **Workout 11** .............................................................................................. 22
  • Count up and down in tenths.
  • Subtract a 3-digit number and ones mentally.

☑ **Workout 12** .............................................................................................. 24
  • Add two 3-digit numbers using column addition, without any carries.

# Contents — Spring Term

- **Workout 1** .................................................................................................. 26
  - Count from 0 in multiples of 4.

- **Workout 2** .................................................................................................. 28
  - Add a 3-digit number and hundreds mentally.

- **Workout 3** .................................................................................................. 30
  - Subtract two 2-digit numbers using column subtraction, with carries.

- **Workout 4** .................................................................................................. 32
  - Compare and order numbers up to 1000.
  - Add fractions with the same denominator within one whole.

- **Workout 5** .................................................................................................. 34
  - Subtract two 3-digit numbers using column subtraction, without any carries.

- **Workout 6** .................................................................................................. 36
  - Subtract a 3-digit number and hundreds mentally.

- **Workout 7** .................................................................................................. 38
  - Add two 3-digit numbers using column addition, with carries.

- **Workout 8** .................................................................................................. 40
  - Recall and use multiplication and division facts for the 4 times table.

- **Workout 9** .................................................................................................. 42
  - Add a 3-digit number and tens mentally.

- **Workout 10** ................................................................................................ 44
  - Subtract two 3-digit numbers using column subtraction, with carries.

- **Workout 11** ................................................................................................ 46
  - Count from 0 in multiples of 8.

- **Workout 12** ................................................................................................ 48
  - Subtract fractions with the same denominator within one whole.
  - Add a 3-digit and a 2-digit number using column addition, without any carries.

# Contents — Summer Term

- [ ] **Workout 1** .................................................................... 50
  - Subtract a 3-digit number and tens mentally.

- [ ] **Workout 2** .................................................................... 52
  - Subtract a 3-digit and a 2-digit number using column subtraction, without any carries.

- [ ] **Workout 3** .................................................................... 54
  - Recall and use multiplication and division facts for the 8 times table.

- [ ] **Workout 4** .................................................................... 56
  - Compare and order fractions with the same denominators.

- [ ] **Workout 5** .................................................................... 58
  - Add a 3-digit and a 2-digit number using column addition, with carries.

- [ ] **Workout 6** .................................................................... 60
  - Calculate a 2-digit number times a 1-digit number mentally.

- [ ] **Workout 7** .................................................................... 62
  - Count from 0 in multiples of 50.
  - Subtract a 3-digit and a 2-digit number using column subtraction, with carries.

- [ ] **Workout 8** .................................................................... 64
  - Compare and order unit fractions.

- [ ] **Workout 9** .................................................................... 66
  - Calculate a 2-digit number divided by a 1-digit number mentally.

- [ ] **Workout 10** .................................................................. 68
  - Recap of Year 3 material.

- [ ] **Workout 11** .................................................................. 70
  - Recap of Year 3 material.

- [ ] **Workout 12** .................................................................. 72
  - Recap of Year 3 material.

- [ ] **Puzzles** ....................................................................... 74

**Answers** ........................................................................... 75

# Autumn Term: Workout 1

**Quick Fire**

Try to work out the answers to these in your head.

1. a) 37 + 10 = .............   b) 28 + 40 = .............

   c) 15 + 20 = .............   d) 25 + 70 = .............

   *2 marks*

2. a) 12 × 2 = .............   b) 7 × 2 = .............

   c) 22 ÷ 2 = .............   d) 8 ÷ 2 = .............

   *2 marks*

**Now try these:**

3. Count **backwards** in steps of three to fill in the gaps.

   24   ............   ............   15   12

   *1 mark*

4. What fraction of the line below is shaded?

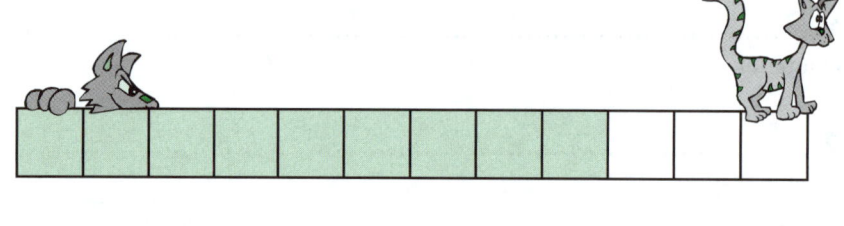

   $\frac{\square}{4}$

   *1 mark*

5. Work out:

   a) 6 + 6 + 6 = ..............

   b) 2 + 5 + 8 = ..............

   2 marks

6. Circle **all** of the number sentences that equal 12.

   10 + 1        5 + 7

   20 − 18        10 − 2        20 − 8

   6 + 6        12 − 0

   2 marks

7. Use the symbols **<**, **>** and **=** to complete the number sentences.

   20 ÷ 2 ☐ 11        22 ÷ 2 ☐ 11        6 × 2 ☐ 11

   2 marks

8. Work out:

   a) 11 + ......... = 77        b) ......... + 33 = 78

   c) 21 + ......... = 38        d) ......... + 12 = 56

   4 marks

How did you do?

Score:

# Autumn Term: Workout 2

## Quick Fire

Try to work out the answers to these in your head.

1. a) .......... × 10 = 80       b) .......... × 10 = 40

   c) .......... × 10 = 120      d) .......... × 10 = 100

   *2 marks*

2. a) 95 − 61 = ..........       b) 78 − 32 = ..........

   c) 67 − 11 = ..........       d) 47 − 26 = ..........

   *2 marks*

3. a) 9 + 9 + 3 = ..........     b) 7 + 2 + 4 = ..........

   *1 mark*

## Now try these:

4. Circle $\frac{1}{4}$ of the spaceships below.

*1 mark*

5. Fill in the missing numbers.

   a) ......... ÷ 5 = 5

   b) ......... × 5 = 40

   *2 marks*

6. a) What is a quarter of 20? ...........

   b) What is a half of 18? ...........

   *2 marks*

7. Put the following numbers in order. Start with the **largest**.

   32    46    49    31    36

   ..........  ..........  ..........  ..........  ..........
   largest                                        smallest

   *2 marks*

8. Work out these subtractions.

   a) 70 – 45 = ...........

   b) 90 – 18 = ...........

   *2 marks*

9. Fill in the missing numbers.

   a) 33 + ☐7 = 100

   b) ☐1 + 29 = 100

   *2 marks*

How did you do?

Score: ☐

# Autumn Term: Workout 3

## Quick Fire

Try to work out the answers to these in your head.

1.  a) 2 × 5 = ..............    b) 11 × 5 = ..............

    c) 9 × 5 = ..............    d) 6 × 5 = ..............

    *2 marks*

2.  a) 31 + 44 = ..............    b) 26 + 63 = ..............

    c) 54 + 15 = ..............    d) 81 + 17 = ..............

    *2 marks*

## Now try these:

3. Circle **all** of the numbers that are multiples of 5 and are **not** odd.

    14    20    18    16
    12    19    24
    15    30    10    35

    *2 marks*

4. The following numbers go **up** by the same amount each time. Fill in the missing numbers.

    23    33    ............    ............    63

    *1 mark*

5. What is 4 × 3? Use the pictures below to help you.

4 × 3 = ..............

1 mark

6. What is:

   a) $\frac{1}{4}$ of 8?  ..............

   b) $\frac{3}{4}$ of 8?  ..............

2 marks

7. Fill in the missing numbers in the calculations below.

   a) .............. + 10 = 5 × 7

   b) 7 + 5 = .............. ÷ 2

2 marks

8. Work out:

   a) 98 − .......... = 57

   b) .......... − 42 = 37

   c) 49 − .......... = 15

   d) .......... − 67 = 21

4 marks

How did you do?

Score:

# Autumn Term: Workout 4

## Quick Fire

Try to work out the answers to these in your head.

1.  a) 15 + 6 = ............    b) 79 + 2 = ............

    c) 86 + 7 = ............    d) 66 + 4 = ............

    *2 marks*

2.  a) 5 + 5 + 5 = ............    b) 4 + 6 + 3 = ............

    c) 8 + 1 + 7 = ............    d) 6 + 7 + 8 = ............

    *2 marks*

## Now try these:

3. Count **up** in steps of one hundred to fill in the gaps.

   100    ............    ............    400    ............    600

   *2 marks*

4. What fraction of the shapes below are shaded?

   $\frac{1}{\Box}$

   *1 mark*

5. Work out:

   a) 19 + 39 = ..........

   b) 31 + 39 = ..........

   2 marks

6. The following numbers go **backwards** in steps of 200. Fill in the missing numbers.

   800    600    ..........    ..........    0

   1 mark

7. Fill in the missing numbers.

   a) 8 × .......... = 16        b) 4 × .......... = 20

   c) 3 × .......... = 15        d) 7 × .......... = 70

   4 marks

8. Fill in the boxes below with **+** or **−** to complete the calculations.

   3 × 5 = 20 ☐ 5

   9 ☐ 1 = 80 ÷ 8

   2 marks

How did you do?

Score: ☐

# Autumn Term: Workout 5

## Quick Fire

Try to work out the answers to these in your head.

1. a) 48 − 10 = ..............   b) 56 − 30 = ..............

   c) 72 − 20 = ..............   d) 64 − 50 = ..............

   e) 37 − 30 = ..............   f) 93 − 80 = ..............

   *3 marks*

2. a) 10 ÷ 5 = ..............   b) 45 ÷ 5 = ..............

   c) 60 ÷ 5 = ..............   d) 15 ÷ 5 = ..............

   e) 55 ÷ 5 = ..............   f) 30 ÷ 5 = ..............

   *3 marks*

## Now try these:

3. Work out:

   a) 31 + 17   b) 24 + 61

   ```
     3 1         2 4
   + 1 7       + 6 1
   -----       -----
   ```

   *2 marks*

4. Shade in $\frac{3}{4}$ of the shapes below.

1 mark

5. Fill in the missing numbers in the calculations below.

.............. − 10 = 50 ÷ 5

2 × 7 = .............. + 2

2 marks

6. The following numbers go **down** by the same amount each time. Fill in the missing numbers.

900    800    ............    ............    500

1 mark

7. Fill in the missing numbers.

a) $\frac{1}{4}$ of 16 is ............    b) $\frac{1}{3}$ of 18 is ............

c) $\frac{1}{4}$ of ............ is 2    d) $\frac{1}{3}$ of ............ is 10

4 marks

How did you do?

Score:

# Autumn Term: Workout 6

## Quick Fire

Try to work out the answers to these in your head.

1.  a) 6 × 2 = ..............  b) 7 × 2 = ..............

    c) 5 × 2 = ..............  d) 9 × 2 = ..............

    *2 marks*

2.  a) 24 − 5 = ..............  b) 54 − 8 = ..............

    c) 72 − 4 = ..............  d) 48 − 9 = ..............

    *2 marks*

## Now try these:

3.  Work out:

    a) 721 + 5 = ..............  b) 207 + 2 = ..............

    *2 marks*

4.  What is:

    a) 2 × 3? ..............  b) 5 × 3? ..............

    c) 4 × 3? ..............  d) 9 × 3? ..............

    *4 marks*

5. Work out:

   a) 354 + 6 = ..............  b) 187 + 4 = ..............

   *2 marks*

6. What is:

   a) 100 **less** than 600?  ..............

   b) 100 **more** than 600?  ..............

   *1 mark*

7. Work out:

   a) 45 + 33

   ```
     4 5
   + 3 3
   ─────
   ```

   b) 53 + 31

   ```
     5 3
   + 3 1
   ─────
   ```

   *2 marks*

8. What fraction of the shapes below are shaded?

   $\frac{\square}{\square}$

   *1 mark*

How did you do?　　　　　　　　　　Score: ☐

# Autumn Term: Workout 7

## Quick Fire

Try to work out the answers to these in your head.

1.  a) 3 × 10 = ..............   b) 8 × 10 = ..............

    c) 110 ÷ 10 = ..............   d) 50 ÷ 10 = ..............

    *2 marks*

2.  a) 58 + .............. = 98   b) 29 + .............. = 99

    c) .............. + 30 = 62   d) .............. + 60 = 91

    *4 marks*

## Now try these:

3.  Work out:

    a) 99 − 42
    ```
      9 9
    − 4 2
    ─────
    ```

    b) 79 − 37
    ```
      7 9
    − 3 7
    ─────
    ```

    *2 marks*

4.  What is three quarters of 20?

    *1 mark*

5. Shade in $\frac{1}{3}$ of each of the shapes below.

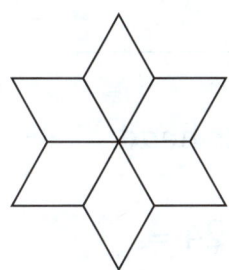

2 marks

6. Work out:

   a) 26 + 53

   ```
     2 6
   + 5 3
   ─────
   ```

   b) 34 + 45

   ```
     3 4
   + 4 5
   ─────
   ```

2 marks

7. Work out the missing fractions.

   a) $\frac{1}{\Box}$ of 14 is 7

   b) $\frac{1}{\Box}$ of 12 is 4

2 marks

8. The following numbers go **up** in steps of 500.
   Fill in the missing numbers.

   0 ......... ......... 1500 2000

1 mark

How did you do?

Score:

# Autumn Term: Workout 8

## Quick Fire

Try to work out the answers to these in your head.

1. a) 67 + 9 = .............   b) 35 + 24 = .............

   c) 46 + 33 = .............   d) 78 + 13 = .............

   *2 marks*

2. a) 3 × 3 = .............   b) 7 × 3 = .............

   c) 11 × 3 = .............   d) 8 × 3 = .............

   *2 marks*

## Now try these:

3. What is:

   a) 100 **less** than 872?   .............

   b) 10 **more** than 931?   .............

   *1 mark*

4. Work out:

   a) 837 + 3 = .............   b) 428 + 7 = .............

   *2 marks*

5. Work out:

   a) 55 − 31

   ```
     5 5
   − 3 1
   ─────
   ```

   b) 57 − 25

   ```
     5 7
   − 2 5
   ─────
   ```

   2 marks

6. Circle $\frac{3}{4}$ of the shapes below.

   1 mark

7. Work out:

   a) .......... × 3 = 24

   b) .......... × 3 = 30

   c) 3 ÷ 3 = ..........

   d) 36 ÷ 3 = ..........

   4 marks

8. Circle **all** of the number sentences that equal 6.

   3 × 2     60 ÷ 10     12 × 2

   30 ÷ 5    4 × 3       18 ÷ 3

   2 marks

How did you do?    Score:

# Autumn Term: Workout 9

## Quick Fire

Try to work out the answers to these in your head.

1.  a) 808 + 10 = ..............   b) 755 + 10 = ..............

    c) 819 − 10 = ..............   d) 145 − 10 = ..............

    *2 marks*

2.  What is:

    a) $\frac{1}{3}$ of 12? ..............   b) $\frac{1}{4}$ of 24? ..............

    *1 mark*

## Now try these:

3.  Work out:

    a) 31 + 39
    ```
      3 1
    + 3 9
    ─────
    ```

    b) 38 + 48
    ```
      3 8
    + 4 8
    ─────
    ```

    *2 marks*

4.  What is $\frac{3}{4}$ of 40?

    ..............

    *1 mark*

5. The following numbers go **up** in steps of 100.
   Fill in the missing numbers.

   85 ............  ............  385 ............

   *2 marks*

6. Fill in the missing numbers.

   a) 3 × ............ = 24

   b) ............ ÷ 3 = 7

   c) 27 ÷ 3 = ............

   *3 marks*

7. Work out:

   a) 88 – 52
   ```
     8 8
   – 5 2
   ─────
   ```

   b) 75 – 23
   ```
     7 5
   – 2 3
   ─────
   ```

   *2 marks*

8. Use the signs **<**, **>** or **=** to fill in the gaps.

   11 × 2 ☐ 22       8 × 3 ☐ 23       12 × 5 ☐ 65

   *3 marks*

How did you do?                              Score: ☐

# Autumn Term: Workout 10

## Quick Fire

Try to work out the answers to these in your head.

1. a) 7 × 10 = ..............     b) .............. × 10 = 110

   c) 30 ÷ 10 = ..............    d) .............. ÷ 10 = 1

   *2 marks*

2. a) 365 + 4 = ..............    b) 162 + 4 = ..............

   c) 478 + 3 = ..............    d) 325 + 8 = ..............

   *2 marks*

3. a) 57 + .............. = 457   b) 888 − .............. = 388

   *2 marks*

## Now try these:

4. What fraction of the shape below is shaded?

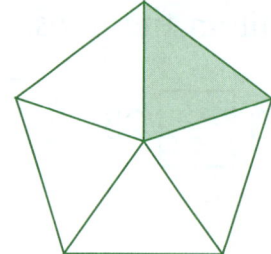

*1 mark*

5. Work out:

   a) 98 – 23
   
       9 8
    – 2 3
    ———
   
   b) 78 – 11
   
       7 8
    – 1 1
    ———
   
   *2 marks*

6. What fraction of the shapes below are shaded?

   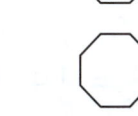 / 10
   
   *1 mark*

7. The following numbers go **up** by the **same** amount each time. Fill in the missing numbers.

   ………   ………   500   600   ………
   
   *2 marks*

8. Fill in the missing numbers.

   a) 232 + ……… = 240
   
   b) ……… + 6 = 816
   
   c) 151 + ……… = 158
   
   d) ……… + 4 = 887
   
   *4 marks*

How did you do?   Score:

# Autumn Term: Workout 11

## Quick Fire

Try to work out the answers to these in your head.

1. a) 402 + 100 = ..............   b) 641 + 100 = ..............

   c) 754 − 100 = ..............   d) 305 − 100 = ..............

   *2 marks*

2. a) 85 − .............. = 15   b) 82 − .............. = 32

   c) 54 − .............. = 14   d) 66 − .............. = 36

   *4 marks*

## Now try these:

3. The following numbers go **up** in steps of $\frac{1}{10}$.
   Fill in the missing numbers.

   $\frac{3}{10}$   $\frac{4}{10}$   ............   ............   $\frac{7}{10}$   ............

   *2 marks*

4. Work out:

   a) 929 − 5 = ..............

   b) 176 − 8 = ..............

   *2 marks*

5. Circle **all** of the numbers that are multiples of 3 and are odd.

   15     20     18     27
       12      9      24
   14     30     10     35

   *1 mark*

6. What fraction of the shapes below are shaded?

   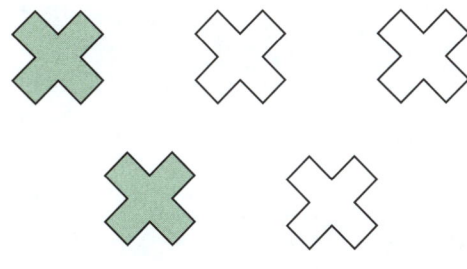

   *1 mark*

7. Work out:

   a) 26 + 59

   $$\begin{array}{r} 2\,6 \\ +\,5\,9 \\ \hline \end{array}$$

   b) 19 + 62

   $$\begin{array}{r} 1\,9 \\ +\,6\,2 \\ \hline \end{array}$$

   *2 marks*

8. Fill in the missing numbers.

   a) ......... + 5 + 5 = 15

   b) ......... + 8 + 7 = 17

   *2 marks*

How did you do?          Score:

# Autumn Term: Workout 12

## Quick Fire

Try to work out the answers to these in your head.

1. a) 987 + 1 = .............. b) 893 + 2 = ..............

   c) 250 + 7 = .............. d) 271 + 2 = ..............

   *2 marks*

2. What is:

   a) half of 36? ..............

   b) three quarters of 24? ..............

   *2 marks*

3. a) 3 + 9 + 5 = .............. b) 6 + 9 + 8 = ..............

   *2 marks*

## Now try these:

4. Work out:

   a) 536 + 443  b) 106 + 512

   ```
     5 3 6            1 0 6
   + 4 4 3          + 5 1 2
   -------          -------
   ```

   *2 marks*

5. Shade $\frac{1}{6}$ of the shapes below.

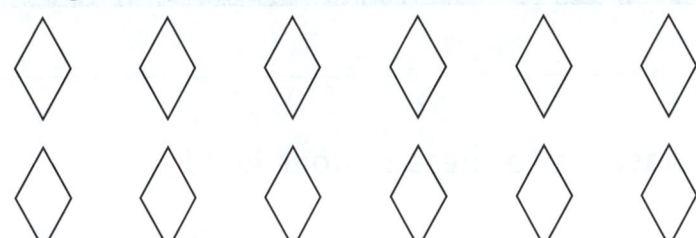

1 mark

6. The following numbers go **down** by the same amount each time. Fill in the missing numbers.

527    517    ............    ............    487    ............

2 marks

7. What is:

   a) 100 **less** than 145?          ............

   b) 100 **more** than 315?          ............

1 mark

8. Work out:

   a) 468 – 9 = ............          b) 312 – 8 = ............

   c) 252 – 8 = ............          d) 222 – 5 = ............

4 marks

How did you do?        Score:

# Spring Term: Workout 1

## Quick Fire

Try to work out the answers to these in your head.

1.  a) 102 + 5 = ............     b) 231 + 2 = ............

    c) 457 + 1 = ............     d) 394 + 4 = ............

    *2 marks*

2.  a) .......... × 3 = 3     b) .......... × 3 = 15

    c) .......... × 3 = 30    d) .......... × 3 = 21

    *4 marks*

## Now try these:

3. Count **up** in steps of 4 to fill in the blanks.

   0   4   ..........   ..........   ..........   20

   *2 marks*

4. Fill in the missing numbers.

   a) .............. + 5 = 348

   b) 271 + .............. = 279

   *2 marks*

5. What is 558 + 7?

............

1 mark

6. What is:

   a) 100 **more** than 165?   ............

   b) 10 **less** than 378?   ............

1 mark

7. Count **backwards** in tenths to fill in the blanks.

$\frac{8}{10}$   $\frac{\Box}{10}$   $\frac{6}{10}$   $\frac{\Box}{10}$   $\frac{\Box}{10}$   $\frac{3}{10}$

2 marks

8. Work out:

   a) 45 – 33                    b) 85 – 51

   ```
     4 5
   – 3 3
   ─────
   ```

2 marks

How did you do?

Score: ☐

© CGP — not to be photocopied

Spring Term: Workout 1

# Spring Term: Workout 2

## Quick Fire

Try to work out the answers to these in your head.

1. a) 4 × 2 = ..........   b) 6 × 2 = ..........

   c) 7 × 2 = ..........   d) 12 × 2 = ..........

   *2 marks*

2. a) 117 – 4 = ..........   b) 209 – 6 = ..........

   c) 564 – 3 = ..........   d) 477 – 1 = ..........

   *2 marks*

## Now try these:

3. Work out:

   a) 145 + 300 = ..............   b) 218 + 200 = ..............

   c) 405 + 200 = ..............   d) 344 + 300 = ..............

   *4 marks*

4. What fraction of the triangles below are filled in?

      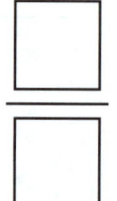

   *1 mark*

5. Work out:

   a) 146 + 101          b) 438 + 121

   ```
     1 4 6
   + 1 0 1
   ───────
   ```

   *2 marks*

6. Circle $\frac{2}{5}$ of the footballs below.

   *1 mark*

7. Work out:

   a) 436 + 200 = ..............    b) 512 + 300 = ..............

   c) 327 + 600 = ..............    d) 714 + 200 = ..............

   *4 marks*

How did you do?

Score:

# Spring Term: Workout 3

## Quick Fire

Try to work out the answers to these in your head.

1. a) 216 + 2 = ..............   b) 751 + 8 = ..............

   c) 103 + 7 = ..............   d) 544 + 9 = ..............

   *2 marks*

2. a) .......... × 5 = 20   b) .......... × 5 = 25

   c) .......... × 5 = 35   d) .......... × 5 = 45

   *4 marks*

## Now try these:

3. Work out:

   a) 50 − 17   b) 41 − 13

   ```
     5 0         4 1
   − 1 7       − 1 3
   ─────       ─────
   ```

   *2 marks*

4. Count **up** in steps of 4 to fill in the blanks.

   8   ..........   16   ..........   ..........   28

   *2 marks*

5. What is:

   a) 100 **less** than 216?  ..............

   b) 10 **more** than 482?  ..............

   1 mark

6. The following numbers go up in **tenths**. Fill in the blanks.

   $\frac{4}{10}$   $\frac{\square}{10}$   $\frac{\square}{10}$   $\frac{7}{10}$   $\frac{8}{10}$   $\frac{\square}{10}$

   2 marks

7. Circle $\frac{1}{6}$ of the books below.

   1 mark

8. Work out:

   a) 52 − 23

   b) 74 − 38

   ```
     5 2
   − 2 3
   ─────
   ```

   2 marks

How did you do?

Score:

# Spring Term: Workout 4

## Quick Fire

Try to work out the answers to these in your head.

1. a) 453 + 100 = ..............  b) 816 − 100 = ..............

   c) 384 + 10 = ..............  d) 922 − 10 = ..............

   *2 marks*

2. a) 2 × 3 = ..........  b) 4 × 3 = ..........

   c) 11 × 3 = ..........  d) 9 × 3 = ..........

   *2 marks*

## Now try these:

3. Fill in the boxes with **>** or **<** to make the sentences true.

   a) 105 ☐ 254    b) 401 ☐ 378

   *2 marks*

4. Work out:

   a) $\frac{1}{4} + \frac{2}{4} = \frac{\Box}{4}$    b) $\frac{2}{5} + \frac{2}{5} = \frac{\Box}{5}$

   *2 marks*

5. In the circles below, shade:

   a) $\frac{5}{8}$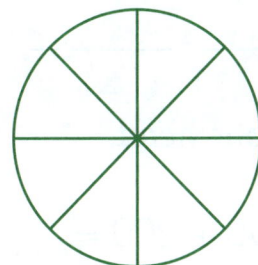

   b) $\frac{5}{6}$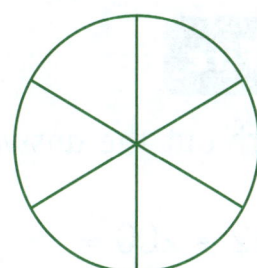

   2 marks

6. Work out:

   a) 21 ÷ 3 = ..........

   b) 24 ÷ 3 = ..........

   c) 30 ÷ 3 = ..........

   d) 36 ÷ 3 = ..........

   4 marks

7. Work out:

   a) 90 − 65

   b) 83 − 44

   ```
    9 0
   −6 5
   ─────
   ```

   2 marks

How did you do?

Score:

# Spring Term: Workout 5

## Quick Fire

Try to work out the answers to these in your head.

1. a) 112 + 200 = ............   b) 356 + 200 = ............

   c) 607 + 300 = ............   d) 423 + 400 = ............

   *2 marks*

2. a) 146 − 8 = ............   b) 278 − 9 = ............

   c) 552 − 7 = ............   d) 704 − 6 = ............

   e) 623 − 5 = ............   f) 911 − 3 = ............

   *3 marks*

## Now try these:

3. Work out:

   a) 468 − 325         b) 345 − 134

   ```
     4 6 8              3 4 5
   − 3 2 5            − 1 3 4
   ───────            ───────
   ```

   *2 marks*

4. Count **backwards** in steps of 4 to fill in the blanks.

   40   ..........   ..........   ..........   ..........   20

   *3 marks*

5. Work out:

   a) $\frac{1}{6} + \frac{4}{6} = \frac{\square}{\square}$
   
   b) $\frac{2}{7} + \frac{2}{7} = \frac{\square}{\square}$

   2 marks

6. Circle $\frac{3}{5}$ of the tennis balls below.

   1 mark

7. Fill in the missing numbers.

   a) ............ + 400 = 916

   b) ............ + 200 = 684

   c) ............ + 500 = 729

   3 marks

How did you do?  Score:

# Spring Term: Workout 6

## Quick Fire

Try to work out the answers to these in your head.

1. a) 208 + 200 = ............   b) 427 + 300 = ............

   c) 106 + 600 = ............   d) 694 + 300 = ............

   *2 marks*

2. a) 5 × 3 = ..........   b) 3 × 3 = ..........

   c) 10 × 3 = ..........   d) 12 × 3 = ..........

   *2 marks*

**Now try these:**

3. Work out:

   a) 276 − 200 = ............   b) 405 − 300 = ............

   c) 553 − 200 = ............   d) 619 − 400 = ............

   *4 marks*

4. Fill in the boxes with **>** or **<** to make the sentences true.

   a) 756 ☐ 721   b) 249 ☐ 294

   *2 marks*

5. The following numbers go up in **tenths**. Fill in the blanks.

$\boxed{\phantom{0}}/10$    $3/10$    $\boxed{\phantom{0}}/10$    $\boxed{\phantom{0}}/10$    $6/10$

*2 marks*

6. Work out:

   a) 301 + 217

   b) 503 + 341

   ```
     3 0 1
   + 2 1 7
   ───────
   ```

   *2 marks*

7. Put the numbers below in order from **smallest** to **largest**.

   648    287    711    672

   ............    ............    ............    ............
   smallest                               largest

   *2 marks*

How did you do?

Score:

# Spring Term: Workout 7

## Quick Fire

Try to work out the answers to these in your head.

1. a) 245 − 8 = ..............  b) 327 − 5 = ..............

   c) 787 − 9 = ..............  d) 641 − 2 = ..............

   e) 511 − 4 = ..............  f) 854 − 7 = ..............

   *3 marks*

2. a) .......... ÷ 3 = 1  b) .......... ÷ 3 = 4

   c) .......... ÷ 3 = 2  d) .......... ÷ 3 = 6

   *4 marks*

## Now try these:

3. Work out:

   a) 457 + 339

   ```
     4 5 7
   + 3 3 9
   ───────
   ```

   b) 670 + 182

   ```
     6 7 0
   + 1 8 2
   ───────
   ```

   *2 marks*

4. Fill in the missing number:

   a) .......... × 3 = 24  b) .......... × 3 = 21

   *2 marks*

Spring Term: Workout 7

5. Count **up** in steps of 4 to fill in the blanks.

20    24    ..........    ..........    ..........    40

2 marks

6. Shade in $\frac{3}{10}$ of the rectangle below.

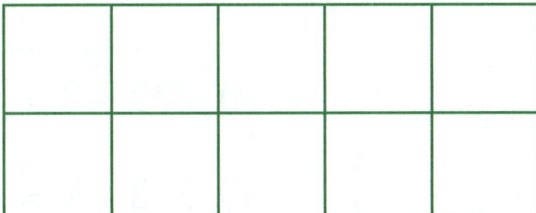

1 mark

7. Work out:

a) 346 + 228

b) 735 + 206

```
  3 4 6
+ 2 2 8
-------
```

2 marks

How did you do?

Score:

# Spring Term: Workout 8

**Quick Fire**

Try to work out the answers to these in your head.

1. a) 425 + 200 = ............   b) 348 + 600 = ............

   c) 183 + 800 = ............   d) 594 + 300 = ............

   *2 marks*

2. a) 310 − 5 = ............   b) 273 − 8 = ............

   c) 622 − 4 = ............   d) 738 − 9 = ............

   *2 marks*

**Now try these:**

3. Work out:

   a) 2 × 4 = ..........

   b) 3 × 4 = ..........

   *2 marks*

4. Fill in the boxes with **>** or **<** to make the sentences true.

   a) 439 ☐ 512    b) 812 ☐ 819

   *2 marks*

5. Work out:

   a) 4 × 4 = ..........

   b) 8 × 4 = ..........

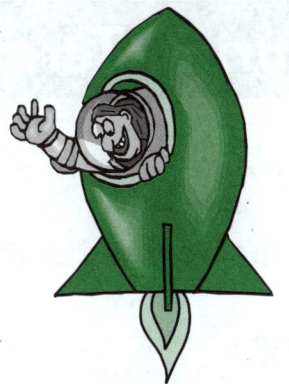

2 marks

6. Put the numbers below in order from **largest** to **smallest**.

   554    399    519    810

   .............. .............. .............. ..............
   largest                              smallest

   2 marks

7. Work out:

   a) $\frac{1}{7} + \frac{4}{7} = \frac{\Box}{\Box}$    b) $\frac{3}{5} + \frac{1}{5} = \frac{\Box}{\Box}$

   c) $\frac{2}{8} + \frac{3}{8} = \frac{\Box}{\Box}$    d) $\frac{4}{9} + \frac{3}{9} = \frac{\Box}{\Box}$

   4 marks

How did you do?

Score:

# Spring Term: Workout 9

## Quick Fire

Try to work out the answers to these in your head.

1. a) 352 − 200 = ............  b) 415 − 200 = ............

   c) 538 − 400 = ............  d) 768 − 500 = ............

   *2 marks*

2. a) 5 × 4 = ............  b) 6 × 4 = ............

   c) 10 × 4 = ............  d) 12 × 4 = ............

   *2 marks*

## Now try these:

3. Work out:

   a) 172 + 20 = ............

   b) 219 + 30 = ............

   *2 marks*

4. Circle $\frac{2}{7}$ of the flowers below.

   *1 mark*

5. Work out:

   a) 497 − 154
   
   b) 927 − 205

   ```
     4 9 7
   − 1 5 4
   ───────
   ```

   *2 marks*

6. Work out:

   a) 28 ÷ 4 = ..........

   b) 36 ÷ 4 = ..........

   c) 44 ÷ 4 = ..........

   *3 marks*

7. Work out:

   a) 431 + 50 = ..............
   
   b) 348 + 40 = ..............

   c) 225 + 70 = ..............
   
   d) 514 + 50 = ..............

   *4 marks*

How did you do?

Score:

# Spring Term: Workout 10

## Quick Fire

Try to work out the answers to these in your head.

1.  a) 4 × 3 = ..........  b) 6 × 3 = ..........

    c) 9 × 3 = ..........  d) 12 × 3 = ..........

    *2 marks*

2.  a) .......... × 4 = 8  b) .......... × 4 = 28

    c) .......... × 4 = 16  d) .......... × 4 = 44

    *4 marks*

## Now try these:

3.  Work out:

    a) 316 − 140      b) 855 − 618

    ```
       3 1 6              8 5 5
     − 1 4 0            − 6 1 8
     ───────            ───────
    ```

    *2 marks*

4.  Fill in the boxes with **>** or **<** to make the sentences true.

    a) 919 ☐ 916      b) 556 ☐ 585

    *2 marks*

5. Work out:

   a) 408 + 70 = ..............

   b) 733 + 50 = ..............

2 marks

6. Put the numbers below in order from **smallest** to **largest**.

   684     491     777     657

   ..............  ..............  ..............  ..............
   smallest                                largest

   2 marks

7. Work out:

   a) 257 − 176            b) 743 − 328

   ```
     2 5 7
   − 1 7 6
   _____
   ```

   2 marks

How did you do?

Score:

# Spring Term: Workout 11

## Quick Fire

Try to work out the answers to these in your head.

1.  a) 211 + 20 = ..............   b) 463 + 30 = ..............

    c) 328 + 60 = ..............   d) 605 + 40 = ..............

    e) 294 + 20 = ..............   f) 371 + 30 = ..............

    *3 marks*

2.  a) 4 ÷ 4 = ..........   b) 12 ÷ 4 = ..........

    c) 40 ÷ 4 = ..........   d) 32 ÷ 4 = ..........

    *2 marks*

## Now try these:

3.  Count **up** in steps of 8 to fill in the blanks.

    0    8    ..........    ..........    ..........    ..........

    *3 marks*

4.  Fill in the missing numbers.

    a) .......... × 4 = 24   b) .......... × 4 = 36

    *2 marks*

5. Work out:

   a) $\dfrac{2}{6} + \dfrac{3}{6} = \dfrac{\Box}{\Box}$   b) $\dfrac{1}{8} + \dfrac{2}{8} = \dfrac{\Box}{\Box}$

   *2 marks*

6. Work out:

   a) 631 − 141   b) 905 − 683

   ```
     6 3 1
   − 1 4 1
   ───────
   ```

   *2 marks*

7. What fraction of the circles below are filled in?

          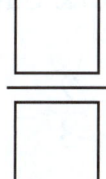

   *1 mark*

8. Fill in the box with **>** or **<** to make the sentence true.

   776 ☐ 767

   *1 mark*

**How did you do?**   Score: ☐

# Spring Term: Workout 12

## Quick Fire

Try to work out the answers to these in your head.

1. a) 424 − ............. = 224    b) ............. − 400 = 203

   c) ............. − 200 = 657    d) 998 − ............. = 598

   *4 marks*

2. a) 4 × 3 = ............    b) 8 × 3 = ............

   c) 7 × 3 = ............    d) 12 × 3 = ............

   *2 marks*

## Now try these:

3. Work out:

   a) $\frac{2}{3} - \frac{1}{3} = \frac{\Box}{\Box}$       b) $\frac{4}{5} - \frac{1}{5} = \frac{\Box}{\Box}$

   *2 marks*

4. Work out:

   a) 125 + 61    b) 454 + 23

   ```
     1 2 5              4 5 4
   +   6 1            +   2 3
   ───────            ───────
   ```

   *2 marks*

5. Fill in the boxes with ✗ or ÷ to make the sentences true.

   a) 12 ☐ 4 = 48

   b) 4 ☐ 4 = 1

   c) 12 ☐ 4 = 3

3 marks

6. Circle $\frac{2}{5}$ of the playing cards below.

1 mark

7. Count **backwards** in steps of 8 to fill in the blanks.

   40 .......... 24 .......... .......... 0

2 marks

How did you do?     Score: ☐

# Summer Term: Workout 1

## Quick Fire

Try to work out the answers to these in your head.

1. a) 248 + 200 = .............
   b) 713 + 400 = .............
   c) 467 + 300 = .............
   d) 172 + 200 = .............

   *2 marks*

2. a) 3 × 4 = .............
   b) 8 × 4 = .............
   c) 7 × 4 = .............
   d) 11 × 4 = .............

   *2 marks*

## Now try these:

3. Work out:

   a) 152 − 20 = .............

   b) 234 − 30 = .............

   c) 481 − 50 = .............

   *3 marks*

4. Fill in the box with > or < to make the sentences true.

   a) 729 ☐ 751
   b) 396 ☐ 412

   *2 marks*

5. Work out:

   a) 317 + 42

   b) 532 + 65

   ```
     3 1 7
   +   4 2
   ───────
   ```

   2 marks

6. Shade in $\frac{3}{5}$ of the rectangle below.

   1 mark

7. Work out:

   a) $\frac{2}{6} + \frac{2}{6} = \frac{\Box}{\Box}$

   b) $\frac{1}{5} + \frac{3}{5} = \frac{\Box}{\Box}$

   c) $\frac{4}{7} + \frac{2}{7} = \frac{\Box}{\Box}$

   d) $\frac{3}{8} + \frac{4}{8} = \frac{\Box}{\Box}$

   4 marks

How did you do?

Score:

# Summer Term: Workout 2

## Quick Fire

Try to work out the answers to these in your head.

1. a) 328 + 50 = ..............  b) 814 + 80 = ..............

   c) 196 + 20 = ..............  d) 281 + 30 = ..............

   *2 marks*

2. a) $\frac{1}{5} - \frac{1}{5}$ = ..........  b) $\frac{2}{4} - \frac{1}{4}$ = ..........

   c) $\frac{3}{6} - \frac{1}{6}$ = ..........  d) $\frac{2}{5} - \frac{1}{5}$ = ..........

   *2 marks*

## Now try these:

3. Work out:

   a) 347 − 16         b) 128 − 24

   ```
     3 4 7              1 2 8
   −   1 6            −   2 4
   ───────            ───────
   ```

   *2 marks*

4. Work out:

   a) 27 ÷ 3 = ..........  b) 18 ÷ 3 = ..........

   *2 marks*

5. Count **backwards** in steps of 8 to fill in the blanks.

   56    48    ..........    ..........    ..........    16

   _____
   2 marks

6. Fill in the box with ✗ or ÷ to make the sentences true.

   a) 8 ☐ 4 = 32          b) 28 ☐ 4 = 7

   c) 12 ☐ 4 = 3          d) 4 ☐ 4 = 16

   _____
   4 marks

7. Work out:

   a) 768 + 122          b) 524 + 388

   _____
   2 marks

How did you do?

Score: ☐

# Summer Term: Workout 3

## Quick Fire

Try to work out the answers to these in your head.

1.  a) 175 + 30 = ..............   b) 254 + 50 = ..............

    c) 492 + 20 = ..............   d) 389 + 40 = ..............

    *2 marks*

2.  a) 233 − 200 = ..............   b) 417 − 200 = ..............

    c) 765 − 700 = ..............   d) 529 − 300 = ..............

    *2 marks*

## Now try these:

3. Work out:

    a) 2 × 8 = ..........

    b) 3 × 8 = ..........

    *2 marks*

4. Circle $\frac{5}{6}$ of the slices of bread below.

    *1 mark*

5. Work out:

   a) 163 − 41

   b) 644 − 23

   *2 marks*

6. Work out:

   a) 8 × 8 = ..........

   b) 11 × 8 = ..........

   *2 marks*

7. Fill in the missing numbers.

   a) .............. − 5 = 237

   b) 594 − .............. = 586

   c) .............. − 9 = 499

   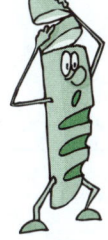

   *3 marks*

8. Work out:

   a) $\frac{5}{7} - \frac{2}{7} = \frac{\Box}{\Box}$

   b) $\frac{7}{8} - \frac{6}{8} = \frac{\Box}{\Box}$

   *2 marks*

How did you do?   Score:

# Summer Term: Workout 4

## Quick Fire

Try to work out the answers to these in your head.

1.  a) 136 − 20 = ..............    b) 342 − 30 = ..............

    c) 851 − 20 = ..............    d) 297 − 50 = ..............

    e) 445 − 30 = ..............    f) 682 − 70 = ..............

    *3 marks*

2.  a) 1 × 8 = ..........    b) 4 × 8 = ..........

    c) 5 × 8 = ..........    d) 6 × 8 = ..........

    e) 10 × 8 = ..........    f) 12 × 8 = ..........

    *3 marks*

## Now try these:

3. Fill in the boxes with **>** or **<** to make the sentences true.

   a) $\frac{1}{3}$ ☐ $\frac{2}{3}$    b) $\frac{3}{4}$ ☐ $\frac{1}{4}$

   *2 marks*

4. Work out:

   a) 16 ÷ 8 = ..........    b) 64 ÷ 8 = ..........

   *2 marks*

5. Work out:

   a) 412 + 51

   b) 951 + 34

   ```
     4 1 2
   +   5 1
   -------
   ```

   2 marks

6. Count **up** in steps of 8 to fill in the blanks.

   24 .......... .......... 48 .......... 64

   2 marks

7. Put the fractions below in order from **smallest** to **largest**.

   $\frac{3}{6}$  $\frac{1}{6}$  $\frac{4}{6}$  $\frac{5}{6}$

   smallest                                    largest

   2 marks

How did you do?     Score:

# Summer Term: Workout 5

## Quick Fire

Try to work out the answers to these in your head.

1.  a) 865 − 50 = ..............  b) 384 − 40 = ..............

    c) 213 − 20 = ..............  d) 103 − 20 = ..............

    *2 marks*

2.  a) 8 ÷ 4 = ..........  b) 20 ÷ 4 = ..........

    c) 44 ÷ 4 = ..........  d) 36 ÷ 4 = ..........

    *2 marks*

## Now try these:

3.  Work out:

    a) 147 + 15

    ```
      1 4 7
    +   1 5
    ───────
    ```

    b) 216 + 38

    ```
      2 1 6
    +   3 8
    ───────
    ```

    *2 marks*

4.  Fill in the box with ✗ or ÷ to make the sentence true.

    a) 10 ☐ 4 = 40     b) 16 ☐ 4 = 4

    *2 marks*

5. Put the fractions below in order from **largest** to **smallest**.

$\frac{2}{8}$  $\frac{3}{8}$  $\frac{7}{8}$  $\frac{6}{8}$

largest                                  smallest

2 marks

6. Work out:

    a) 7 × 4 = ..........    b) 9 × 4 = ..........

2 marks

7. Work out:

    a) $\frac{1}{10} + \frac{2}{10} = \frac{\Box}{\Box}$    b) $\frac{4}{9} + \frac{1}{9} = \frac{\Box}{\Box}$

2 marks

8. Work out:

    a) 161 + 53    b) 484 + 33

```
   1 6 1
 +   5 3
 ───────
```

2 marks

How did you do?    Score:

# Summer Term: Workout 6

## Quick Fire

Try to work out the answers to these in your head.

1. a) 3 × 8 = ..........   b) 7 × 8 = ..........

   c) 9 × 8 = ..........   d) 12 × 8 = ..........

   *2 marks*

2. a) 426 + 70 = ..........   b) 674 + 20 = ..........

   c) 293 + 30 = ..........   d) 780 + 70 = ..........

   e) 355 + 50 = ..........   f) 476 + 40 = ..........

   *3 marks*

## Now try these:

3. Use partitioning to work out:

   a) 14 × 3

   14 = 10 + 4

   10 × 3 = ..........

   + 4 × 3 = ..........

   14 × 3 = ..........

   b) 17 × 3

   17 = 10 + 7

   10 × 3 = ..........

   + 7 × 3 = ..........

   17 × 3 = ..........

   *4 marks*

4. Work out:

   a) 337 + 53

   b) 522 + 96

   *2 marks*

5. Shade in $\frac{4}{6}$ of the circle below.

   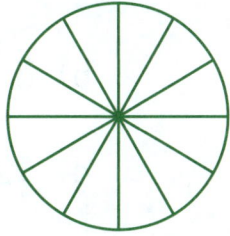

   *1 mark*

6. Fill in the box with **>** or **<** to make the sentences true.

   a) 289 ☐ 511

   b) 627 ☐ 671

   *2 marks*

7. Work out:

   a) 478 − 61

   b) 764 − 33

   *2 marks*

How did you do?

Score: ☐

# Summer Term: Workout 7

## Quick Fire

Try to work out the answers to these in your head.

1. a) 493 − 70 = .............. b) 126 − 30 = ..............

   c) 307 − 40 = .............. d) 811 − 20 = ..............

   *2 marks*

2. a) 3 × 4 = .......... b) 8 × 4 = ..........

   c) 9 × 4 = .......... d) 12 × 4 = ..........

   *2 marks*

## Now try these:

3. Count **up** in steps of 50 to fill in the blanks.

   0   50   ..............   ..............   ..............   250

   *2 marks*

4. Work out:

   a) 342 − 27        b) 673 − 59

   ```
     3 4 2
   −   2 7
   ───────
   ```

   *2 marks*

5. Work out:

   a) 424 + 97

   b) 269 + 88

*2 marks*

6. Fill in the box with **>** or **<** to make the sentences true.

   a) $\frac{2}{8}$ ☐ $\frac{4}{8}$

   b) $\frac{3}{7}$ ☐ $\frac{5}{7}$

*2 marks*

7. Use partitioning to work out:

   a) 15 × 4

   15 = 10 + 5

   10 × 4 = ..........

   + 5 × 4 = ..........

   15 × 4 = ..........

   b) 21 × 4

   21 = 20 + 1

   20 × 4 = ..........

   + 1 × 4 = ..........

   21 × 4 = ..........

*4 marks*

How did you do?

Score: ☐

# Summer Term: Workout 8

## Quick Fire

Try to work out the answers to these in your head.

1.  a) 4 × 5 = ..........   b) 7 × 5 = ..........

    c) 5 × 5 = ..........   d) 10 × 5 = ..........

    e) 12 × 5 = ..........   f) 9 × 5 = ..........

    *3 marks*

2.  a) 50 ÷ 10 = ..........   b) 30 ÷ 10 = ..........

    c) 60 ÷ 10 = ..........   d) 80 ÷ 10 = ..........

    e) 100 ÷ 10 = ..........   f) 120 ÷ 10 = ..........

    *3 marks*

## Now try these:

3.  Fill in the boxes with **>** or **<** to make the sentences true.

    a) $\frac{1}{4}$ ☐ $\frac{1}{2}$   b) $\frac{1}{5}$ ☐ $\frac{1}{6}$

    *2 marks*

4.  Count **backwards** in steps of 50 to fill in the blanks.

    300    250    ............    ............    ............    50

    *2 marks*

5. Work out:

   a) 631 − 77

   b) 472 − 85

   2 marks

6. Put the fractions below in order from **largest** to **smallest**.

   $\frac{1}{4}$  $\frac{1}{12}$  $\frac{1}{9}$  $\frac{1}{6}$

   largest                    smallest

   2 marks

7. What is 18 × 5? Use partitioning to find your answer.
   (Hint: 18 = 10 + 8)

   2 marks

How did you do?

Score:

# Summer Term: Workout 9

## Quick Fire

Try to work out the answers to these in your head.

1. a) 16 ÷ 8 = ..........   b) 32 ÷ 8 = ..........

   c) 80 ÷ 8 = ..........   d) 64 ÷ 8 = ..........

   *2 marks*

2. a) .......... × 4 = 16   b) .......... × 4 = 32

   c) .......... × 4 = 40   d) .......... × 4 = 44

   *4 marks*

## Now try these:

3. Use partitioning to work out:

   a) 39 ÷ 3

   39 = 30 + 9

   30 ÷ 3 = ..........

   + 9 ÷ 3 = ..........

   39 ÷ 3 = ..........

   b) 45 ÷ 3

   45 = 30 + 15

   30 ÷ 3 = ..........

   + 15 ÷ 3 = ..........

   45 ÷ 3 = ..........

   *4 marks*

4. Count **up** in steps of 50 to fill in the blanks.

   150 .............. .............. .............. 350

   2 marks

5. Put the fractions below in order from **smallest** to **largest**.

   $\frac{1}{3}$    $\frac{1}{10}$    $\frac{1}{8}$    $\frac{1}{13}$

   smallest                                largest

   2 marks

6. Work out:

   a) 514 − 66          b) 341 − 59

   2 marks

How did you do?                                 Score:

# Summer Term: Workout 10

## Quick Fire

Try to work out the answers to these in your head.

1. a) 241 − 5 = .............  b) 486 − 9 = .............

   c) 754 − 6 = .............  d) 302 − 7 = .............

   *2 marks*

2. a) ......... ÷ 3 = 3  b) ......... ÷ 3 = 7

   c) ......... ÷ 3 = 8  d) ......... ÷ 3 = 12

   *4 marks*

## Now try these:

3. Count **backwards** in steps of 100 to fill in the blanks.

   900   .............   .............   .............   500

   *2 marks*

4. Work out:

   a) $\frac{4}{5} - \frac{3}{5} = \frac{\Box}{\Box}$   b) $\frac{2}{7} + \frac{3}{7} = \frac{\Box}{\Box}$

   *2 marks*

5. Count **up** in steps of 4 to fill in the blanks.

32 .......... .......... 44 .......... 52

2 marks

6. Work out:

a) 865 – 153      b) 82 – 37

2 marks

7. Put the numbers below in order from **smallest** to **largest**.

551    398    523    479

.............. .............. .............. ..............
smallest                                    largest

2 marks

How did you do?

Score:

# Summer Term: Workout 11

## Quick Fire

Try to work out the answers to these in your head.

1. a) .......... − 60 = 119    b) 351 − .......... = 331

   c) .......... − 70 = 624    d) 417 − .......... = 397

   *4 marks*

2. a) 16 ÷ 4 = ..........    b) .......... ÷ 4 = 5

   c) .......... ÷ 4 = 7    d) 48 ÷ 4 = ..........

   *4 marks*

## Now try these:

3. The following numbers go **down** in tenths.
   Fill in the missing numbers.

   ☐/10   7/10   ☐/10   ☐/10   4/10

   *2 marks*

4. Fill in the boxes with **>** or **<** to make the sentences true.

   a) 4/5 ☐ 3/5    b) 3/8 ☐ 5/8

   *2 marks*

Summer Term: Workout 11

5. Count **up** in steps of 50 to fill in the blanks.

   400    ..............    500    ..............

   1 mark

6. Circle $\frac{3}{8}$ of the beach balls below.

1 mark

7. Work out:

   a) 429 + 62              b) 673 + 258

2 marks

How did you do?

Score:

# Summer Term: Workout 12

## Quick Fire

Try to work out the answers to these in your head.

1. a) 381 + 200 = ............    b) 552 + 400 = ............

   c) 403 + 300 = ............    d) 274 + 600 = ............

   e) 740 + 200 = ............    f) 197 + 700 = ............

   *3 marks*

2. a) 5 × 8 = ............    b) 12 × 8 = ............

   c) ............ × 8 = 72    d) ............ × 8 = 56

   *4 marks*

## Now try these:

3. Shade in $\frac{2}{7}$ of the rectangle below.

   *1 mark*

4. Count **backwards** in steps of 8 to fill in the blanks.

   96    88    ............    ............    ............    56

   *2 marks*

5. Put the fractions below in order from **largest** to **smallest**.

$$\frac{1}{5} \quad \frac{1}{11} \quad \frac{1}{2} \quad \frac{1}{7}$$

largest ⬜ ⬜ ⬜ ⬜ smallest

2 marks

6. Work out:

   a) 962 – 485        b) 861 – 772

2 marks

7. What is 68 ÷ 4? Use partitioning to find your answer.

2 marks

How did you do?

Score:

# Puzzles: Egg Enigmas

You've finished the workouts!  Practise your skills by solving these puzzles.

Simone finds eggs at an Easter egg hunt.
Work out the number of eggs she collected from the **clues** below.

- The number she found is a 2-digit number.
- Both of the digits are even.
- The ones digit is bigger than the tens digit.
- The two digits add together to give 12.

Simone collected ............... eggs.

Write the numbers **1 to 8** onto the eggs below so that **all** the calculations are correct.  Use each number only **once**.

There are **two ways** of doing this — can you find both?

**Puzzle Complete?**

# Answers

## Autumn Term

### Workout 1 — pages 2-3

1. a) **47**   b) **68**   c) **35**   d) **95**
   2 marks for all four correct,
   otherwise 1 mark for at least two correct

2. a) **24**   b) **14**   c) **11**   d) **4**
   2 marks for all four correct,
   otherwise 1 mark for at least two correct

3. 24   **21**   **18**   15   12   1 mark

4. $\frac{3}{4}$ of the line is shaded   1 mark

5. a) **18**  1 mark       b) **15**  1 mark

6. **5 + 7**, **20 − 8**, **6 + 6** and **12 − 0**.
   2 marks for all four correct, otherwise
   1 mark for at least two correct. Lose 1 mark
   if an incorrect statement has been circled.

7. 20 ÷ 2 < 11    22 ÷ 2 = 11    6 × 2 > 11
   2 marks for all three correct,
   otherwise 1 mark for two correct

8. a) 11 + **66** = 77    b) **45** + 33 = 78
   c) 21 + **17** = 38    d) **44** + 12 = 56
   1 mark for each correct

### Workout 2 — pages 4-5

1. a) **8** × 10 = 80       b) **4** × 10 = 40
   c) **12** × 10 = 120     d) **10** × 10 = 100
   2 marks for all four correct,
   otherwise 1 mark for at least two correct

2. a) **34**   b) **46**   c) **56**   d) **21**
   2 marks for all four correct,
   otherwise 1 mark for at least two correct

3. a) **21**              b) **13**
   1 mark for both correct

4. E.g.
   1 mark for any 3 spaceships circled

5. a) **25** ÷ 5 = 5   1 mark
   b) **8** × 5 = 40   1 mark

6. a) **5**  1 mark       b) **9**  1 mark

7. **49**   **46**   **36**   **32**   **31**
   2 marks for all five correct,
   otherwise 1 mark for at least three correct

8. a) **25**  1 mark       b) **72**  1 mark

9. a) 33 + **67** = 100   1 mark
   b) **71** + 29 = 100   1 mark

### Workout 3 — pages 6-7

1. a) **10**   b) **55**   c) **45**   d) **30**
   2 marks for all four correct,
   otherwise 1 mark for at least two correct

2. a) **75**   b) **89**   c) **69**   d) **98**
   2 marks for all four correct,
   otherwise 1 mark for at least two correct

3. **20**, **30** and **10** should be circled
   2 marks for all three correct, otherwise
   1 mark for two correct. Lose 1 mark if
   an incorrect answer has been circled.

4. 23   33   **43**   **53**   63
   1 mark for both correct

5. **12**  1 mark

6. a) **2**  1 mark       b) **6**  1 mark

7. a) 7 × 5 = 35, so **25** + 10 = 7 × 5  1 mark
   b) 7 + 5 = 12, so **24** ÷ 2 = 7 + 5  1 mark

8. a) **98** − 41 = 57    b) **79** − 42 = 37
   c) 49 − **34** = 15    d) **88** − 67 = 21
   1 mark for each correct

### Workout 4 — pages 8-9

1. a) **21**   b) **81**   c) **93**   d) **70**
   2 marks for all four correct,
   otherwise 1 mark for at least two correct

2. a) **15**   b) **13**   c) **16**   d) **21**
   2 marks for all four correct,
   otherwise 1 mark for at least two correct

3. 100   **200**   **300**   400   **500**   600
   2 marks for all three correct,
   otherwise 1 mark for two correct

4. $\frac{1}{3}$ of the shapes are shaded   1 mark

5.  a) **58** 1 mark  b) **70** 1 mark
6.  800  600  **400**  **200**  0
    1 mark for both correct
7.  a) 8 × **2** = 16   b) 4 × **5** = 20
    c) **3** × 5 = 15   d) 7 × **10** = 70
    1 mark for each correct
8.  3 × 5 = 15, so 20 − 5 = 15  1 mark
    80 ÷ 8 = 10, so 9 **+** 1 = 10  1 mark

## Workout 5 — pages 10-11

1.  a) **38**   b) **26**   c) **52**
    d) **14**   e) **7**    f) **13**
    3 marks for all six correct,
    otherwise 2 marks for four or five correct
    or 1 mark for two or three correct
2.  a) **2**   b) **9**   c) **12**
    d) **3**   e) **11**  f) **6**
    3 marks for all six correct,
    otherwise 2 marks for four or five correct
    or 1 mark for two or three correct
3.  a)  3 1       b)  2 4
       +1 7          +6 1
       ___           ___
       **4 8**  1 mark   **8 5**  1 mark
4.  E.g.
    1 mark for any 6 shapes shaded
5.  50 ÷ 5 = 10, so **20** − 10 = 10  1 mark
    2 × 7 = 14, so **12** + 2 = 14  1 mark
6.  900  800  **700**  **600**  500
    1 mark for both correct
7.  a) $\frac{1}{4}$ of 16 is **4**   b) $\frac{1}{3}$ of 18 is **6**
    c) $\frac{1}{4}$ of 8 is **2**    d) $\frac{1}{3}$ of 30 is **10**
    1 mark for each correct

## Workout 6 — pages 12-13

1.  a) **12**  b) **14**  c) **10**  d) **18**
    2 marks for all four correct,
    otherwise 1 mark for at least two correct
2.  a) **19**  b) **46**  c) **68**  d) **39**
    2 marks for all four correct,
    otherwise 1 mark for at least two correct

3.  a) **726** 1 mark   b) 2 = **209** 1 mark
4.  a) **6** 1 mark   b) **15** 1 mark
    c) **12** 1 mark  d) **27** 1 mark
5.  a) **360** 1 mark   b) **191** 1 mark
6.  a) **500**   b) **700**
    1 mark for both correct
7.  a)  4 5       b)  5 3
       +3 3          +3 1
       ___           ___
       **7 8**  1 mark   **8 4**  1 mark
8.  $\frac{1}{3}$ of the stars are shaded.  1 mark

## Workout 7 — pages 14-15

1.  a) **30**  b) **80**  c) **11**  d) **5**
    2 marks for all four correct,
    otherwise 1 mark for at least two correct
2.  a) 58 + **40** = 98   b) 29 + **70** = 99
    c) **32** + 30 = 62   d) **31** + 60 = 91
    1 mark for each correct
3.  a)  9 9       b)  7 9
       −4 2          −3 7
       ___           ___
       **5 7**  1 mark   **4 2**  1 mark
4.  Three quarters of 20 is **15**  1 mark
5.  E.g.
    1 mark for any 2 shapes shaded
    E.g.
    1 mark for any 4 shapes shaded
6.  a)  2 6       b)  3 4
       +5 3          +4 5
       ___           ___
       **7 9**  1 mark   **7 9**  1 mark
7.  a) $\frac{1}{2}$ of 14 is **7**  1 mark
    b) $\frac{1}{3}$ of 12 is **4**  1 mark
8.  0  **500**  **1000**  1500  2000
    1 mark for both correct

## Workout 8 — pages 16-17

1.  a) **76**  b) **59**  c) **79**  d) **91**
    2 marks for all four correct,
    otherwise 1 mark for at least two correct

Answers

2. a) **9**   b) **21**   c) **33**   d) **24**
   2 marks for all four correct,
   otherwise 1 mark for at least two correct

3. a) **772**   b) **941**
   1 mark for both correct

4. a) **840** 1 mark   b) **435** 1 mark

5. a)  5 5          b)  5 7
      − 3 1            − 2 5
      ─────            ─────
       **2 4** 1 mark   **3 2** 1 mark

6. E.g.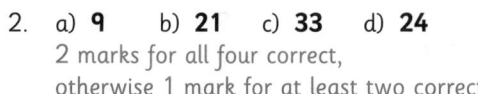
   1 mark for any 18 shapes circled

7. a) **8** × 3 = 24     b) **10** × 3 = 30
   c) 3 ÷ 3 = **1**     d) 36 ÷ 3 = **12**
   1 mark for each correct

8. **3 × 2**, 60 ÷ 10, **30 ÷ 5** and **18 ÷ 3**
   2 marks for all four correct, otherwise
   1 mark for at least two correct. Lose 1 mark
   if an incorrect statement has been circled.

## Workout 9 — pages 18-19

1. a) **818**   b) **765**   c) **809**   d) **135**
   2 marks for all four correct,
   otherwise 1 mark for at least two correct

2. a) **4**       b) **6**
   1 mark for both correct

3. a)   3 1        b)   3 8
       + 3 9           + 4 8
       ─────           ─────
        **7 0** 1 mark  **8 6** 1 mark
          1               1

4. **30** 1 mark

5. 85  **185**  **285**  385  **485**
   2 marks for all three correct,
   otherwise 1 mark for two correct

6. a) 3 × **8** = 24  1 mark
   b) **21** ÷ 3 = 7  1 mark
   c) 27 ÷ 3 = **9**  1 mark

7. a)   8 8        b)   7 5
       − 5 2           − 2 3
       ─────           ─────
        **3 6** 1 mark  **5 2** 1 mark

8. 11 × 2 = 22   1 mark
   8 × 3 = 24, so 8 × 3 > 23   1 mark
   12 × 5 = 60, so 12 × 5 < 65   1 mark

## Workout 10 — pages 20-21

1. a) 7 × 10 = **70**     b) **11** × 10 = 110
   c) 30 ÷ 10 = **3**    d) **10** ÷ 10 = 1
   2 marks for all four correct,
   otherwise 1 mark for at least two correct

2. a) **369**   b) **166**   c) **481**   d) **333**
   2 marks for all four correct,
   otherwise 1 mark for at least two correct

3. a) 57 + **400** = 457   1 mark
   b) 888 − **500** = 388   1 mark

4. $\frac{1}{5}$ of the shape is shaded   1 mark

5. a)   9 8        b)   7 8
       − 2 3           − 1 1
       ─────           ─────
        **7 5** 1 mark  **6 7** 1 mark

6. $\frac{3}{10}$ of the shapes are shaded   1 mark

7. **300**  **400**  500  600  **700**
   2 marks for all three correct,
   otherwise 1 mark for two correct

8. a) 232 + **8** = 240   b) **810** + 6 = 816
   c) 151 + **7** = 158   d) **883** + 4 = 887
   1 mark for each correct

## Workout 11 — pages 22-23

1. a) **502**   b) **741**   c) **654**   d) **205**
   2 marks for all four correct,
   otherwise 1 mark for at least two correct

2. a) 85 − **70** = 15   b) 82 − **50** = 32
   c) 54 − **40** = 14   d) 66 − **30** = 36
   1 mark for each correct

3. $\frac{3}{10}$  $\frac{4}{10}$  $\frac{\mathbf{5}}{10}$  $\frac{\mathbf{6}}{10}$  $\frac{7}{10}$  $\frac{\mathbf{8}}{10}$
   2 marks for all three correct,
   otherwise 1 mark for two correct

4. a) **924** 1 mark   b) **168** 1 mark

5. **15**, **27** and **9** should be circled
   1 mark for all correct

6. $\frac{2}{5}$ of the shapes are shaded   1 mark

7. a)   2 6        b)   1 9
       + 5 9           + 6 2
       ─────           ─────
        **8 5** 1 mark  **8 1** 1 mark
          1

8. a) **5** + 5 + 5 = 15   1 mark
   b) **2** + 8 + 7 = 17   1 mark

## Workout 12 — pages 24-25

1. a) **988**  b) **895**  c) **257**  d) **273**
   2 marks for all four correct,
   otherwise 1 mark for at least two correct

2. a) **18** 1 mark   b) **18** 1 mark

3. a) **17** 1 mark   b) **23** 1 mark

4. a)   5 3 6        b)   1 0 6
      + 4 4 3           + 5 1 2
      ─────             ─────
        **9 7 9** 1 mark    **6 1 8** 1 mark

5. E.g.
   1 mark for any two shapes shaded

6. 527  517  **507**  497  487  **477**
   2 marks for all three correct,
   otherwise 1 mark for two correct

7. a) **45**   b) **415**
   1 mark for both correct

8. a) **459** 1 mark   b) **304** 1 mark
   c) **244** 1 mark   d) **217** 1 mark

# Spring Term

## Workout 1 — pages 26-27

1. a) **107**  b) **233**  c) **458**  d) **398**
   2 marks for all four correct,
   otherwise 1 mark for at least two correct

2. a) **1** × 3 = 3    b) **5** × 3 = 15
   c) **10** × 3 = 30  d) **7** × 3 = 21
   1 mark for each correct

3. 0  4  **8**  **12**  **16**  20
   2 marks for all three correct,
   otherwise 1 mark for two correct

4. a) **343** + 5 = 348  1 mark
   b) 271 + **8** = 279  1 mark

5. **565**  1 mark

6. a) **265**   b) **368**
   1 mark for both correct

7. $\frac{8}{10}$  $\frac{7}{10}$  $\frac{6}{10}$  $\frac{5}{10}$  $\frac{4}{10}$  $\frac{3}{10}$
   2 marks for all three correct,
   otherwise 1 mark for two correct

8. a)   4 5        b)   8 5
      − 3 3           − 5 1
      ─────           ─────
      **1 2** 1 mark    **3 4** 1 mark

## Workout 2 — pages 28-29

1. a) **8**  b) **12**  c) **14**  d) **24**
   2 marks for all four correct,
   otherwise 1 mark for at least two correct

2. a) **113**  b) **203**  c) **561**  d) **476**
   2 marks for all four correct,
   otherwise 1 mark for at least two correct

3. a) **445** 1 mark   b) **418** 1 mark
   c) **605** 1 mark   d) **644** 1 mark

4. $\frac{1}{6}$ of the triangles are filled in.  1 mark

5. a)   1 4 6      b)   4 3 8
      + 1 0 1         + 1 2 1
      ─────           ─────
      **2 4 7**       **5 5 9**
   1 mark for each correct answer

6. E.g.
   1 mark for any four footballs circled

7. a) **636** 1 mark   b) **812** 1 mark
   c) **927** 1 mark   d) **914** 1 mark

## Workout 3 — pages 30-31

1. a) **218**  b) **759**  c) **110**  d) **553**
   2 marks for all four correct,
   otherwise 1 mark for at least two correct

2. a) **4** × 5 = 20   b) **5** × 5 = 25
   c) **7** × 5 = 35   d) **9** × 5 = 45
   1 mark for each correct

3. a)   ⁴5̶¹0       b)   ³4̶¹1
      −  1 7           −  1 3
      ─────            ─────
        **3 3** 1 mark   **2 8** 1 mark

4. 8  **12**  16  **20**  24  **28**
   2 marks for all three correct,
   otherwise 1 mark for two correct

5. a) **116**   b) **492**
   1 mark for both correct

6. $\frac{4}{10}$ **$\frac{5}{10}$** **$\frac{6}{10}$** $\frac{7}{10}$ **$\frac{8}{10}$** **$\frac{9}{10}$**
   2 marks for all three correct,
   otherwise 1 mark for two correct

7. E.g.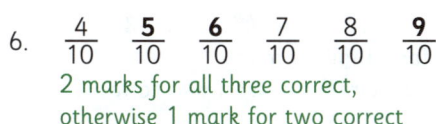
   1 mark for any two books circled

8. a) $\overset{4}{\cancel{5}}\overset{1}{2}$ b) $\overset{6}{\cancel{7}}\overset{1}{4}$
      $-\phantom{0}23$      $-\phantom{0}38$
      $\phantom{-0}\mathbf{29}$ 1 mark   $\phantom{-0}\mathbf{36}$ 1 mark

## Workout 4 — pages 32-33

1. a) **553** b) **716** c) **394** d) **912**
   2 marks for all four correct,
   otherwise 1 mark for at least two correct

2. a) **6** b) **12** c) **33** d) **27**
   2 marks for all four correct,
   otherwise 1 mark for at least two correct

3. a) 105 < 254   1 mark
   b) 401 > 378   1 mark

4. a) $\frac{1}{4} + \frac{2}{4} = \frac{3}{4}$ b) $\frac{2}{5} + \frac{2}{5} = \frac{4}{5}$
   1 mark for each correct

5. a) E.g.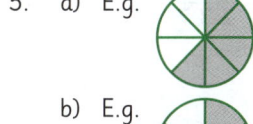
   1 mark for any five sections shaded
   b) E.g.
   1 mark for any five sections shaded

6. a) **7** 1 mark   b) **8** 1 mark
   c) **10** 1 mark   d) **12** 1 mark

7. a) $\overset{8}{\cancel{9}}\overset{1}{0}$ b) $\overset{7}{\cancel{8}}\overset{1}{3}$
      $-\phantom{0}65$      $-\phantom{0}44$
      $\phantom{-0}\mathbf{25}$ 1 mark   $\phantom{-0}\mathbf{39}$ 1 mark

## Workout 5 — pages 34-35

1. a) **312** b) **556** c) **907** d) **823**
   2 marks for all four correct,
   otherwise 1 mark for at least two correct

2. a) **138** b) **269** c) **545**
   d) **698** e) **618** f) **908**
   3 marks for all six correct,
   otherwise 2 marks for at least four correct
   or 1 mark for at least two correct

3. a) $\phantom{-}468$ b) $\phantom{-}345$
      $-325$      $-134$
      $\phantom{-}\mathbf{143}$      $\phantom{-}\mathbf{211}$
   1 mark for each correct answer

4. 40 **36** **32** **28** **24** 20
   3 marks for all four correct, otherwise 2 marks
   for three correct or 1 mark for two correct

5. a) $\frac{5}{6}$ 1 mark   b) $\frac{4}{7}$ 1 mark

6. E.g.
   1 mark for any six balls circled

7. a) **516** + 400 = 916   1 mark
   b) **484** + 200 = 684   1 mark
   c) **229** + 500 = 729   1 mark

## Workout 6 — pages 36-37

1. a) **408** b) **727** c) **706** d) **994**
   2 marks for all four correct,
   otherwise 1 mark for at least two correct

2. a) **15** b) **9** c) **30** d) **36**
   2 marks for all four correct,
   otherwise 1 mark for at least two correct

3. a) **76** 1 mark   b) **105** 1 mark
   c) **353** 1 mark   d) **219** 1 mark

4. a) 756 > 721   1 mark
   b) 249 < 294   1 mark

5. $\frac{2}{10}$ $\frac{3}{10}$ $\frac{4}{10}$ $\frac{5}{10}$ $\frac{6}{10}$
   2 marks for all three correct,
   otherwise 1 mark for two correct

6. a) $\phantom{+}301$ b) $\phantom{+}503$
      $+217$      $+341$
      $\phantom{+}\mathbf{518}$      $\phantom{+}\mathbf{844}$
   1 mark for each correct answer

7. **287   648   672   711**
   2 marks for all four correct, otherwise
   1 mark for three in the correct order

## Workout 7 — pages 38-39

1. a) **237** b) **322** c) **778**
   d) **639** e) **507** f) **847**
   3 marks for all six correct,
   otherwise 2 marks for at least four correct
   or 1 mark for at least two correct

© CGP — not to be photocopied

Answers

2.  a) **3** ÷ 3 = 1  b) **12** ÷ 3 = 4
    c) **6** ÷ 3 = 2  d) **18** ÷ 3 = 6
    1 mark for each correct

3.  a)  4 5 7      b)  6 7 0
       + 3 3 9        + 1 8 2
       ‾‾‾‾‾‾‾         ‾‾‾‾‾‾‾
        **7 9 6**      **8 5 2**
            1              1
    1 mark for each correct answer

4.  a) **8** × 3 = 24  1 mark
    b) **7** × 3 = 21  1 mark

5.  20  24  **28  32  36**  40
    2 marks for all three correct,
    otherwise 1 mark for two correct

6.  E.g.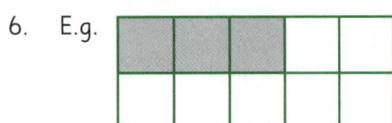
    1 mark for any three sections shaded

7.  a)  3 4 6      b)  7 3 5
       + 2 2 8        + 2 0 6
       ‾‾‾‾‾‾‾         ‾‾‾‾‾‾‾
        **5 7 4**      **9 4 1**
            1              1
    1 mark for each correct answer

### Workout 8 — pages 40-41

1.  a) **625**  b) **948**  c) **983**  d) **894**
    2 marks for all four correct,
    otherwise 1 mark for at least two correct

2.  a) **305**  b) **265**  c) **618**  d) **729**
    2 marks for all four correct,
    otherwise 1 mark for at least two correct

3.  a) **8**  1 mark   b) **12**  1 mark

4.  a) 439 **<** 512  1 mark
    b) 812 **<** 819  1 mark

5.  a) **16**  1 mark   b) **32**  1 mark

6.  **810  554  519  399**
    2 marks for all four correct, otherwise
    1 mark for three in the correct order

7.  a) $\frac{5}{7}$  b) $\frac{4}{5}$  c) $\frac{5}{8}$  d) $\frac{7}{9}$
    1 mark for each correct

### Workout 9 — pages 42-43

1.  a) **152**  b) **215**  c) **138**  d) **268**
    2 marks for all four correct,
    otherwise 1 mark for at least two correct

2.  a) **20**  b) **24**  c) **40**  d) **48**
    2 marks for all four correct,
    otherwise 1 mark for at least two correct

3.  a) **192**  1 mark   b) **249**  1 mark

4.  E.g.
    1 mark for any two flowers circled

5.  a)  4 9 7      b)  9 2 7
       − 1 5 4        − 2 0 5
       ‾‾‾‾‾‾‾         ‾‾‾‾‾‾‾
        **3 4 3**      **7 2 2**
    1 mark for each correct answer

6.  a) **7**  1 mark  b) **9**  1 mark  c) **11**  1 mark

7.  a) **481**  1 mark   b) **388**  1 mark
    c) **295**  1 mark   d) **564**  1 mark

### Workout 10 — pages 44-45

1.  a) **12**  b) **18**  c) **27**  d) **36**
    2 marks for all four correct,
    otherwise 1 mark for at least two correct

2.  a) **2** × 4 = 8   b) **7** × 4 = 28
    c) **4** × 4 = 16  d) **11** × 4 = 44
    1 mark for each correct

3.  a)  ²3¹1 6     b)  8 ⁴5¹5
       − 1 4 0        − 6 1 8
       ‾‾‾‾‾‾‾         ‾‾‾‾‾‾‾
        **1 7 6**      **2 3 7**
    1 mark for each correct answer

4.  a) 919 **>** 916  1 mark
    b) 556 **<** 585  1 mark

5.  a) **478**  1 mark   b) **783**  1 mark

6.  **491  657  684  777**
    2 marks for all four correct, otherwise
    1 mark for three in the correct order

7.  a)  ¹2⁵5 7     b)  7 ³4¹3
       − 1 7 6        − 3 2 8
       ‾‾‾‾‾‾‾         ‾‾‾‾‾‾‾
         **8 1**       **4 1 5**
    1 mark for each correct answer

### Workout 11 — pages 46-47

1.  a) **231**  b) **493**  c) **388**
    d) **645**  e) **314**  f) **401**
    3 marks for all six correct,
    otherwise 2 marks for at least four correct
    or 1 mark for at least two correct

Answers

2. a) **1**  b) **3**  c) **10**  d) **8**
   2 marks for all four correct,
   otherwise 1 mark for at least two correct

3. 0  8  **16**  **24**  **32**  **40**
   3 marks for all four correct, otherwise 2 marks
   for three correct or 1 mark for two correct

4. a) **6** × 4 = 24   1 mark
   b) **9** × 4 = 36   1 mark

5. a) $\frac{5}{6}$  1 mark    b) $\frac{3}{8}$  1 mark

6. a)  $^5\cancel{6}^13\ 1$         b)  $^8\cancel{9}^10\ 5$
      $-\ 1\ 4\ 1$              $-\ 6\ 8\ 3$
      $\overline{\ \ 4\ 9\ 0}$         $\overline{\ \ 2\ 2\ 2}$

   1 mark for each correct answer

7. $\frac{3}{5}$ of the circles are filled in.   1 mark

8. 776 > 767   1 mark

## Workout 12 — pages 48-49

1. a) 424 − **200** = 224   1 mark
   b) **603** − 400 = 203   1 mark
   c) **857** − 200 = 657   1 mark
   d) 998 − **400** = 598   1 mark

2. a) **12**   b) **24**   c) **21**   d) **36**
   2 marks for all four correct,
   otherwise 1 mark for at least two correct

3. a) $\frac{1}{3}$  1 mark    b) $\frac{3}{5}$  1 mark

4. a)   1 2 5         b)   4 5 4
       +  6 1              + 2 3
       $\overline{\ \ 1\ 8\ 6}$        $\overline{\ \ 4\ 7\ 7}$

   1 mark for each correct answer

5. a) 12 × 4 = 48   1 mark
   b) 4 ÷ 4 = 1   1 mark
   c) 12 ÷ 4 = 3   1 mark

6. E.g.   1 mark for any six cards circled

7. 40  **32**  24  **16**  8   0
   2 marks for all three correct,
   otherwise 1 mark for two correct

# Summer Term

## Workout 1 — pages 50-51

1. a) **448**  b) **1113**  c) **767**  d) **372**
   2 marks for all four correct,
   otherwise 1 mark for at least two correct

2. a) **12**   b) **32**   c) **28**   d) **44**
   2 marks for all four correct,
   otherwise 1 mark for at least two correct

3. a) **132**       b) **204**       c) **431**
   1 mark for each correct answer

4. a) 729 < 751   1 mark
   b) 396 < 412   1 mark

5. a)    3 1 7          b)    5 3 2
       +   4 2              +   6 5
       $\overline{\ \ 3\ 5\ 9}$ 1 mark    $\overline{\ \ 5\ 9\ 7}$ 1 mark

6. E.g.   1 mark for any six squares shaded

7. a) $\frac{2}{6} + \frac{2}{6} = \frac{4}{6}$    b) $\frac{1}{5} + \frac{3}{5} = \frac{4}{5}$
   c) $\frac{4}{7} + \frac{2}{7} = \frac{6}{7}$    d) $\frac{3}{8} + \frac{4}{8} = \frac{7}{8}$

   1 mark for each correct

## Workout 2 — pages 52-53

1. a) **378**  b) **894**  c) **216**  d) **311**
   2 marks for all four correct,
   otherwise 1 mark for at least two correct

2. a) **0**   b) $\frac{1}{4}$   c) $\frac{2}{6}$   d) $\frac{1}{5}$
   2 marks for all four correct,
   otherwise 1 mark for at least two correct

3. a)    3 4 7          b)    1 2 8
       −   1 6              −   2 4
       $\overline{\ \ 3\ 3\ 1}$ 1 mark    $\overline{\ \ 1\ 0\ 4}$ 1 mark

4. a) **9**  1 mark   b) **6**  1 mark

5. 56  48  **40**  **32**  **24**  16
   2 marks for all three correct,
   otherwise 1 mark for two correct

6. a) 8 × 4 = 32     b) 28 ÷ 4 = 7
   c) 12 ÷ 4 = 3     d) 4 × 4 = 16
   1 mark for each correct

7. a)    7 6 8          b)    5 2 4
       + 1 2 2              + 3 8 8
       $\overline{\ \ 8\ 9\ 0}$ 1 mark    $\overline{\ \ 9\ 1\ 2}$ 1 mark

## Workout 3 — pages 54-55

1. a) **205**  b) **304**  c) **512**  d) **429**
   2 marks for all four correct,
   otherwise 1 mark for at least two correct

2. a) **33**  b) **217**  c) **65**  d) **229**
   2 marks for all four correct,
   otherwise 1 mark for at least two correct

3. a) **16** 1 mark    b) **24** 1 mark

4. E.g.
   1 mark for any ten slices circled

5. a)  1 6 3        b)  6 4 4
       −  4 1            −  2 3
       **1 2 2** 1 mark    **6 2 1** 1 mark

6. a) **64** 1 mark    b) **88** 1 mark

7. a) **242** − 5 = 237  1 mark
   b) 594 − **8** = 586  1 mark
   c) **508** − 9 = 499  1 mark

8. a) $\frac{3}{7}$ 1 mark    b) $\frac{1}{8}$ 1 mark

## Workout 4 — pages 56-57

1. a) **116**  b) **312**  c) **831**
   d) **247**  e) **415**  f) **612**
   3 marks for all six correct,
   otherwise 2 marks for at least four correct
   or 1 mark for at least two correct

2. a) **8**   b) **32**  c) **40**
   d) **48**  e) **80**  f) **96**
   3 marks for all six correct,
   otherwise 2 marks for at least four correct
   or 1 mark for at least two correct

3. a) $\frac{1}{3} < \frac{2}{3}$  1 mark
   b) $\frac{3}{4} > \frac{1}{4}$  1 mark

4. a) **2** 1 mark    b) **8** 1 mark

5. a)  4 1 2       b)  9 5 1
       +  5 1          +  3 4
       **4 6 3** 1 mark   **9 8 5** 1 mark

6. 24 **32 40** 48 **56** 64
   2 marks for all three correct,
   otherwise 1 mark for two correct

7. $\frac{1}{6}$  $\frac{3}{6}$  $\frac{4}{6}$  $\frac{5}{6}$
   2 marks for all four correct,
   otherwise 1 mark for three in the correct order

## Workout 5 — pages 58-59

1. a) **815**  b) **344**  c) **193**  d) **83**
   2 marks for all four correct,
   otherwise 1 mark for at least two correct

2. a) **2**  b) **5**  c) **11**  d) **9**
   2 marks for all four correct,
   otherwise 1 mark for at least two correct

3. a)   1 4 7      b)   2 1 6
        + 1 5           + 3 8
        **1 6 2** 1 mark  **2 5 4** 1 mark

4. a) 10 × 4 = 40  1 mark
   b) 16 ÷ 4 = 4  1 mark

5. $\frac{7}{8}$  $\frac{6}{8}$  $\frac{3}{8}$  $\frac{2}{8}$
   2 marks for all four correct,
   otherwise 1 mark for three in the correct order

6. a) **28** 1 mark    b) **36** 1 mark

7. a) $\frac{3}{10}$ 1 mark    b) $\frac{5}{9}$ 1 mark

8. a)   1 6 1      b)   4 8 4
        + 5 3           + 3 3
        **2 1 4** 1 mark  **5 1 7** 1 mark

## Workout 6 — pages 60-61

1. a) **24**  b) **56**  c) **72**  d) **96**
   2 marks for all four correct,
   otherwise 1 mark for at least two correct

2. a) **496**  b) **694**  c) **323**
   d) **850**  e) **405**  f) **516**
   3 marks for all six correct,
   otherwise 2 marks for at least four correct
   or 1 mark for at least two correct

3. a) 10 × 3 = 30 and 4 × 3 = 12,
      so 14 × 3 = 30 + 12 = **42**
      2 marks for the correct answer, otherwise
      1 mark for both multiplications correct
   b) 10 × 3 = 30 and 7 × 3 = 21,
      so 17 × 3 = 30 + 21 = **51**
      2 marks for the correct answer, otherwise
      1 mark for both multiplications correct

4.  a) 337 + 53 = **390** 1 mark
    b) 522 + 96 = **618** 1 mark

5.  E.g. 1 mark for any eight sections shaded

6.  a) 289 < 511  1 mark
    b) 627 < 671  1 mark

7.  a) 478 − 61 = **417** 1 mark
    b) 764 − 33 = **731** 1 mark

## Workout 7 — pages 62-63

1.  a) **423**  b) **96**  c) **267**  d) **791**
    2 marks for all four correct,
    otherwise 1 mark for at least two correct

2.  a) **12**  b) **32**  c) **36**  d) **48**
    2 marks for all four correct,
    otherwise 1 mark for at least two correct

3.  0  50  **100**  **150**  **200**  250
    2 marks for all three correct,
    otherwise 1 mark for two correct

4.  a) 3⁴3¹2 − 27 = **315** 1 mark
    b) 6⁶7¹3 − 59 = **614** 1 mark

5.  a) 424 + 97 = **521** 1 mark
    b) 269 + 88 = **357** 1 mark

6.  a) $\frac{2}{8} < \frac{4}{8}$   b) $\frac{3}{7} < \frac{5}{7}$
    1 mark for each correct

7.  a) 10 × 4 = 40 and 5 × 4 = 20,
    so 15 × 4 = 40 + 20 = **60**
    2 marks for the correct answer, otherwise
    1 mark for both multiplications correct
    b) 20 × 4 = 80 and 1 × 4 = 4,
    so 21 × 4 = 80 + 4 = **84**
    2 marks for the correct answer, otherwise
    1 mark for both multiplications correct

## Workout 8 — pages 64-65

1.  a) **20**  b) **35**  c) **25**
    d) **50**  e) **60**  f) **45**
    3 marks for all six correct,
    otherwise 2 marks for at least four correct
    or 1 mark for at least two correct

2.  a) **5**  b) **3**  c) **6**
    d) **8**  e) **10**  f) **12**
    3 marks for all six correct,
    otherwise 2 marks for at least four correct
    or 1 mark for at least two correct

3.  a) $\frac{1}{4} < \frac{1}{2}$   b) $\frac{1}{5} > \frac{1}{6}$
    1 mark for each correct

4.  300  250  **200**  **150**  **100**  50
    2 marks for all three correct,
    otherwise 1 mark for two correct

5.  a) ⁵6¹2³1 − 77 = **554** 1 mark
    b) ³4¹6⁷2 − 85 = **387** 1 mark

6.  $\frac{1}{4}$  $\frac{1}{6}$  $\frac{1}{9}$  $\frac{1}{12}$
    2 marks for all four correct,
    otherwise 1 mark for three in the correct order

7.  10 × 5 = 50 and 8 × 5 = 40,
    so 18 × 5 = 50 + 40 = **90**
    2 marks for the correct answer,
    otherwise 1 mark for both multiplications correct

## Workout 9 — pages 66-67

1.  a) **2**  b) **4**  c) **10**  d) **8**
    2 marks for all four correct,
    otherwise 1 mark for at least two correct

2.  a) **4** × 4 = 16     b) **8** × 4 = 32
    c) **10** × 4 = 40    d) **11** × 4 = 44
    1 mark for each correct

3.  a) 30 ÷ 3 = 10 and 9 ÷ 3 = 3,
    so 39 ÷ 3 = 10 + 3 = **13**.
    2 marks for the correct answer, otherwise
    1 mark for both divisions correct
    b) 30 ÷ 3 = 10 and 15 ÷ 3 = 5,
    so 45 ÷ 3 = 10 + 5 = **15**
    2 marks for the correct answer, otherwise
    1 mark for both divisions correct

4.  150  **200**  **250**  **300**  350
    2 marks for all three correct,
    otherwise 1 mark for two correct

5.  $\frac{1}{13}$  $\frac{1}{10}$  $\frac{1}{8}$  $\frac{1}{3}$
    2 marks for all four correct,
    otherwise 1 mark for three in the correct order

6. a) $^4\cancel{5}^{10}\cancel{1}\,^14$ b) $^2\cancel{3}^{13}\cancel{4}\,^11$
   − 6 6        − 5 9
   **4 4 8**  1 mark    **2 8 2**  1 mark

## Workout 10 — pages 68-69

1. a) **236**  b) **477**  c) **748**  d) **295**
   2 marks for all four correct,
   otherwise 1 mark for at least two correct

2. a) $9 \div 3 = 3$    b) $21 \div 3 = 7$
   c) $24 \div 3 = 8$   d) $36 \div 3 = 12$
   1 mark for each correct

3. 900  **800  700  600**  500
   2 marks for all three correct,
   otherwise 1 mark for two correct

4. a) $\frac{1}{5}$  1 mark    b) $\frac{5}{7}$  1 mark

5. 32  **36**  **40**  44  **48**  52
   2 marks for all three correct,
   otherwise 1 mark for two correct

6. a)   8 6 5      b)   $^7\cancel{8}\,^12$
       − 1 5 3          − 3 7
       **7 1 2**  1 mark    **4 5**  1 mark

7. **398  479  523  551**
   2 marks for all four correct,
   otherwise 1 mark for three in the correct order

## Workout 11 — pages 70-71

1. a) $179 - 60 = 119$  1 mark
   b) $351 - \mathbf{20} = 331$  1 mark
   c) $\mathbf{694} - 70 = 624$  1 mark
   d) $417 - \mathbf{20} = 397$  1 mark

2. a) $16 \div 4 = \mathbf{4}$   b) $20 \div 4 = 5$
   c) $28 \div 4 = 7$   d) $48 \div 4 = \mathbf{12}$
   1 mark for each correct

3. $\frac{8}{10}$  $\frac{7}{10}$  $\frac{6}{10}$  $\frac{5}{10}$  $\frac{4}{10}$
   2 marks for all three correct,
   otherwise 1 mark for two correct

4. a) $\frac{4}{5} > \frac{3}{5}$    b) $\frac{3}{8} < \frac{5}{8}$
   1 mark for each correct

5. 400  **450**  500  **550**
   1 mark for both correct

6. E.g. 
   1 mark for any six beach balls circled

7. a)   4 2 9      b)   6 7 3
       + 6 2          +2 5 8
       **4 9 1**  1 mark    **9 3 1**  1 mark

## Workout 12 — pages 72-73

1. a) **581**  b) **952**  c) **703**
   d) **874**  e) **940**  f) **897**
   3 marks for all six correct,
   otherwise 2 marks for at least four correct
   or 1 mark for at least two correct

2. a) $5 \times 8 = \mathbf{40}$   b) $12 \times 8 = \mathbf{96}$
   c) $9 \times 8 = 72$   d) $7 \times 8 = 56$
   1 mark for each correct

3. E.g.
   1 mark for any four sections shaded

4. 96  88  **80  72  64**  56
   2 marks for all three correct,
   otherwise 1 mark for two correct

5. $\frac{1}{2}$  $\frac{1}{5}$  $\frac{1}{7}$  $\frac{1}{11}$
   2 marks for all four correct,
   otherwise 1 mark for three in the correct order

6. a) $^8\cancel{9}^{15}\cancel{6}\,^12$   b) $^7\cancel{8}^{15}\cancel{6}\,^11$
      − 4 8 5             − 7 7 2
      **4 7 7**  1 mark     **8 9**  1 mark

7. E.g. $68 = 40 + 28$. $40 \div 4 = 10$
   and $28 \div 4 = 7$, so $68 \div 4 = 10 + 7 = \mathbf{17}$.
   2 marks for the correct answer,
   otherwise 1 mark for both divisions correct

## Puzzles: Egg Enigmas — page 74

Simone collected **48** eggs.
The two possible solutions are:

$8 \div 4 = 2$
$\times$
$7 = 3$
$1 + 5 = 6$

$6 \div 3 = 2$
$\times$
$5 = 4$
$1 + 7 = 8$

Answers